LES PENSÉES

DANS LA MÊME COLLECTION

Les Pensées
de
ALPHONSE ALLAIS

Les Pensées
de
TRISTAN BERNARD

Les Pensées
de
ALFRED CAPUS

Les Pensées
de
COURTELINE

Les Pensées
de
PIERRE DAC

Les Pensées
de
JEAN DUTOURD

Pensées, maximes et anecdotes
de
SACHA GUITRY

Les Pensées
de
JULES RENARD

Les Pensées
de
RIVAROL

Les Pensées
de
JACQUES STERNBERG

Les Pensées
de
OSCAR WILDE

Les Pensées
de
WOLINSKI
illustrées par lui-même

YVAN AUDOUARD

Les Pensées

illustrées par Cabu
dessins originaux

COLLECTION
« LES PENSÉES »

le cherche midi éditeur
23, rue du Cherche-Midi 75006 Paris

DU MÊME AUTEUR

(parutions récentes)

AUX ÉDITIONS DU PRÉ AUX CLERCS

Les Contes de ma Provence
Les Nouveaux Contes de ma Provence
La Pastorale des Santons de Provence
50 ans d'impertinence
Les Lions d'Arles

CHEZ ALBIN MICHEL

La Clémence d'Auguste

EN PRÉPARATION

Les Envoûtements, maléfices et sortilèges de la place des Hommes
Les Lettres de mon pigeonnier
De la connerie en général et de quelques cons en particulier

Je pense peu...
Ce qui me permet de réfléchir quelquefois.

Y.A.

Édition originale

MODE D'EMPLOI

Passe encore de gémir...

Mais penser à mon âge !

Surtout en été dans les collines des Alpilles, où on a l'impression, chaque matin, que le monde vient à l'instant d'être créé.

Penser devient alors un luxe inutile et les mots, devant tant d'évidence et de mystère, sont encore plus impuissants que d'habitude.

« Acagnardé » à l'ombre d'un muret tiède, j'ai quand même tenu à noter ce qui me passait par la tête et à vous le confier pour que nous puissions mesurer ensemble à quel point l'ironie, la dérision, la tristesse ne résistent pas au bonheur d'être vivant au soleil.

Et puisque le soleil ne peut pas se regarder en face, qu'il nous soit permis du moins de regarder la mort de travers.

Le mistral fera le ménage.

Yvan Audouard

Yvan se lève. Il va tenter de vivre. Mais laissez-lui le temps de prendre son café.

*

On ne retient que ce qui vous échappe.

*

La discipline fait la force principale des ordinateurs.

*

Il faisait la sale besogne.
Mais c'était du beau travail.

*

À quarante-sept ans, Jules Renard pensait qu'il n'avait plus l'âge de mourir jeune.

S'il avait vécu jusqu'à quatre-vingt-quinze, il n'aurait pas changé d'avis.

*

Tricher quand on gagne est un raffinement plus qu'une précaution.

*

Plus on vieillit, plus l'âge devient ingrat.

*

Elle n'était jamais prête à l'heure mais toujours prête à tout.

*

Les enfants qu'on vous fait dans le dos arrivent à terme plus rapidement que les autres.

*

Les étoiles au mois d'août ont la blondeur des blés mûrs. Les moulins à vent ressuscitent.

En littérature, on corrige ses épreuves.

Dans la vie, ce sont les épreuves qui nous corrigent.

*

Elle se souvenait surtout des folies qu'ils auraient pu faire.

*

Ce patron de bar, à sa sortie de prison, avait retrouvé sa liberté mais perdu sa licence.

*

J'étais épris.
Je me suis repris.
Elle m'avait tout pris.

*

Il faut reconnaître à sa décharge que j'avais pris tous les torts à ma charge.

*

De son vivant déjà, il essayait de faire prendre ses fonds de tiroir pour des œuvres posthumes.

*

Il est préférable d'être assermenté quand on prête un faux serment.

*

Louis XV n'a pas dit « après moi le déluge ». Il a dit « la suite au prochain numéro ».

*

Il avait un regard si franc qu'il avait sûrement quelque chose à cacher.

*

La seule façon de saisir la vérité, c'est de la prendre en traître.

*

Les femmes honnêtes sont les plus chères : l'entrée est gratuite mais les sorties coûteuses.

*

Manquer d'insatisfaction est la punition des repus.

*

Quand un auteur est applaudi, ses confrères ont l'impression de recevoir des claques.

*

Le suicide est le plus court chemin qui mène de vie à trépas. Ce qui explique qu'il soit si rare chez les jésuites.

*

Quand on fait l'amour, on finit bien par s'arrêter. Quand on aime, on ne sait jamais comment cela va finir.

*

Les hauts fonctionnaires du Service Public y entrent rarement par la porte de service.

*

Quand on écrit sur le sable, on a peu de chance de publier « Autant en emporte le vent ».

*

Il préférait les fruits verts au Beaujolais primeur.

*

Si votre patronne vous fait des avances, profitez-en pour lui en demander une.

*

Quand les médisants donnent leur langue au chat, ils le font crever.

*

On fait souvent de petites choses par orgueil et de grandes par vanité.

*

Pour avoir l'illusion d'être encore jeune, il lui arrivait d'aller fumer dans les toilettes.

*

Le talent suprême est de faire croire qu'on en a.

*

Bien des hommes illustres ont fait trop de saloperies pour qu'on les sous-estime.

*

L'exploitation de la bêtise n'est pas à la portée du premier imbécile venu.

*

En Provence le soleil se lève deux fois : le matin et après la sieste.

*

Toutes les eaux ne sont pas dignes de troubler le pastis.

*

Quand une idée parvient jusqu'à vous, elle est déjà fatiguée par le voyage.

*

La télévision réussit quotidiennement ce tour de force : vider les cerveaux en même temps que les salles de cinéma.

*

Il y a des femmes qui ont des culs dont elles ne sont pas dignes.

*

Je suppose que l'Amérique doit être très vivable pour les Américains puisque la plupart continuent d'y habiter.

*

Quand on a peu de talent, il faut encore moins de scrupules.

*

L'avantage des guerres civiles, c'est qu'on n'est pas obligé de s'habiller en militaire. Et on prend ses repas à la maison, précisait Galtier-Boissière.

*

Méfiez-vous des restaurants qui rédigent leurs menus en lettres gothiques. Ils sont en retard sur le siècle mais en avance sur les prix.

*

Il est plus facile de porter une fausse Légion d'honneur que de fabriquer un faux billet de banque.

Mais c'est parfois aussi rentable.

*

Les vers de terre s'enfoncent dans le sol pour ne pas tomber amoureux des étoiles.

*

Il y a des gens qui croient posséder des vertus dont ils ne sont que locataires. Ils en profitent pour ne pas payer leur loyer.

*

Un escroc qui inspire confiance a tout intérêt à se faire honnête homme.

*

Pour beaucoup, le malheur n'existe que pour la satisfaction de se croire épargné.

*

L'absence de préjugés vous amène spontanément à vous placer dans le camp du vainqueur.

*

Dans les villages, le Monument aux Morts est toujours érigé devant le bistro. Pourtant ce n'est pas l'alcool qui les a tués.

*

Un Ministre peut se passer de programme mais pas de corbeille à papier.

*

Les gens qui « ne valent pas cher » arrivent pourtant à se vendre un bon prix.

*

Quand quelqu'un vous dit : « J'ai ma conscience pour moi », c'est qu'il ne lui reste pas grand-chose à vendre.

*

Épouser une intellectuelle ne vous rend pas forcément intelligent. Vivre avec une idiote ne peut que vous améliorer tous les deux.

*

Si quelqu'un vous téléphone pour s'enquérir de votre santé, c'est qu'il a envie de vous parler de la sienne.

*

Un ami de trente ans, c'est souvent quelqu'un dont on n'est jamais arrivé à se débarrasser.

*

Il était considéré comme un « has been » sans avoir jamais rien été.

Ce fut sa seule réussite.

*

Quand un vieillard meurt, a dit le grand conteur africain Amadou Hampaté Ba, c'est une bibliothèque qui brûle.

Chez nous, c'est une bibliothèque qu'on solde.

*

Les jours où l'ennui me tient éveillé, je me recouche.

*

Sa Légion d'honneur sur l'opulente poitrine de cette diva, on aurait dit la lanterne rouge d'une maison close.

*

Les gens qui ne tiennent jamais leurs promesses sont les seuls à qui on puisse faire entièrement confiance.

*

On se déshonore rarement du premier coup. Il y faut de la patience et parfois même de l'obstination.

*

Il n'est pas facile d'être plus bête que méchant, m'a dit Léon qui est aussi méchant que bête.

*

Gouverner, c'est prévoir.
Prévoir sa réélection bien entendu.

*

Avoir le cœur sur la main, c'est moins coûteux que de mettre la main à la poche.

*

Autoriser est la façon la plus hypocrite d'interdire.

Interdire est la façon la plus efficace d'inciter.

*

Il y a de moins en moins de critiques qui font autorité.

De moins en moins d'œuvres aussi.

*

Oh ! que la dernière cigarette serait bonne si on avait le droit d'en fumer d'autres !

*

J'avais trop changé pour pouvoir la reconnaître.

*

Je pense donc j'essuie.
Les plâtres.

*

Le premier qui dit la vérité ne s'en aperçoit qu'à l'usage.

Et il y a bien longtemps qu'il n'est plus le premier.

*

Quand on dit à son éditeur que le livre sur lequel il vous a fait une avance n'est pas « tout à fait » fini, il comprend très bien qu'il n'est pas encore commencé.

*

On est prié de laisser l'endroit qu'on occupe provisoirement aussi propre qu'on l'a trouvé en arrivant.

Surtout quand on est Ministre.

*

Les sentiers battus ne se plaignent jamais.
Les femmes quelquefois.

*

Quand vous allez voir un médecin, il commence toujours par vous demander :

– Comment allez-vous ?

Alors qu'on est venu chez lui pour le savoir...

*

La seule façon élégante de s'en tirer quand on a été ignoble avec quelqu'un, c'est de se fâcher définitivement avec lui.

*

Celui qui a dit qu'on n'est jamais si bien servi que par soi-même venait de mettre à la porte son valet de chambre.

*

Si personne ne dit du bien de vous, prenez les devants.

Et, le cas échéant, prenez un pseudonyme.

*

On ne rend pas visite à un médecin : on la lui paie.

*

Je me suis fait voler quand je me suis payé sa tête.

*

Même si personne ne vous a clairement précisé qu'il vous prenait pour un con, dites-vous bien qu'il y a sûrement quelqu'un, quelque part, qui en a eu envie mais qui n'a pas cédé à la tentation soit par simple civilité, soit par pure charité chrétienne.

*

Être traité de con par un autre con ne prouve pas que vous n'en soyez pas un.

*

S'apercevoir qu'on est un con, c'est déjà l'être moins mais cela ne résoud pas le problème.

*

Si j'avais l'âge de mes artères, je serais mort depuis longtemps.
J'ai l'âge de ma veine.

*

Il convient de remarquer que si la chamelle est la femelle du chameau, la conne n'est pas forcément la femme du con.

*

Qu'on ne me fasse surtout pas dire que le métier d'homme politique est un métier de con.

Mais les élus du peuple doivent donner tant de gages à la connerie qu'on risque parfois de se méprendre.

*

Quoi que vous puissiez faire, quels que soient vos efforts ou vos dons naturels, dites-vous bien que vous n'êtes pas le dernier des cons.

*

La meilleure façon de faire comprendre à quelqu'un qu'il vous est indifférent, c'est de l'appeler « cher ami ».

*

Il semble que la télévision ait été inventée à l'usage de ceux qui, n'ayant rien à dire, tiennent absolument à le faire savoir.

*

Il est indécent de dire que la télévision est un « vrai cirque ».

Au cirque, les dresseurs de puces ne se prennent pas pour des dompteurs de lions.

*

Une information plus un démenti, cela fait deux informations pour le prix d'une.

Et c'est toujours la fausse qui reste dans les mémoires.

*

Le malheur des autres lui causait un tel chagrin que j'ai fini par douter de sa sensibilité.

*

On rencontre beaucoup de bandits de grand chemin sur les sentiers de la réussite...

*

Il vivait à l'abri de sa bassesse comme dans un château fort.

*

Il y a des gens qui capitalisent les peaux de banane et les sortent de la banque quand ils sont en difficulté.

*

Il ne faut jamais prendre rendez-vous avec ses amis. Ils sont toujours là au bon moment.

Et s'ils ne sont pas là, ce ne sont pas des amis.

*

Si je savais le chinois, je comprendrais ce que dit un Chinois quand il me parle français.

*

Les mots, si on ne leur tient pas la bride courte, vous conduisent sur le chemin des grands principes.

Là où ils ne veulent plus rien dire.

*

Le bonheur est une sale habitude. On l'attrape sans le faire exprès mais pour la conserver, on devient pire qu'une bête féroce.

*

Quand on n'a pas de métier, il est urgent de trouver un emploi.

*

Un acteur qui a trouvé son emploi ne trouve pas forcément du travail.

*

Donner le change, c'est le contraire de rendre la monnaie.

*

Les jeunes d'aujourd'hui ne font pas la différence entre la guerre de Cent Ans et la guerre de 14-18.

Et ils ont bien raison.

*

Il y a des sourires qui ont l'air de ne tenir qu'avec des pinces à linge.

*

Quand on dit de quelqu'un que c'est une ordure, on précise d'ordinaire que c'est une belle ordure.

*

Tout ancien combattant a le désir de « remettre ça ».
À condition d'y envoyer les autres.

*

L'irrévérence est le contraire du mépris. C'est la forme pudique de l'admiration.

*

Il se juge encore vert pour son âge.
Moi je le trouve verdâtre.

*

Les bons comptoirs font les bons amis.

*

Je suis de ceux qui disent : « Ce n'est rien. C'est un Ministre qui se noie » car il n'y a vraiment pas de quoi s'affoler.

S'il ne savait pas nager, il ne serait pas Ministre.

*

Quoi qu'on en dise, un mariage raté est quand même plus joyeux qu'un enterrement réussi.

*

Tout homme porte en soi sa propre caricature mais chez certains elle prend de l'avance.

*

L'humour c'est comme l'alcool (et la torture).

Il se mesure en degrés.

*

De succès d'estime en succès d'estime, il avait perdu celle de son banquier.

*

Un prof qui n'apprend pas de ses élèves ce qu'il doit leur enseigner n'a plus rien à leur dire.

*

Quand il touchait ses modestes droits d'auteur, il doutait des Droits de l'Homme.

*

Ne me dites pas que vous êtes incontournable, sinon je vais être obligé de vous rentrer dedans.

*

Je voudrais connaître la musique dont la queue de mon chien bat la mesure.

*

Quand un professeur de vertu se met à la pratiquer, il cesse automatiquement de l'enseigner.

*

Blanchir de l'argent n'est pas toujours salissant mais être lavé de tout soupçon laisse des traces indélébiles.

*

Non seulement les conseilleurs ne sont pas des payeurs, mais ils se font payer d'avance.

*

Je peux marcher la tête haute : personne ne me doit rien.

*

Celui à qui vous devez de l'argent se fait souvent plus de souci que vous.

*

Qui paie ses dettes prouve qu'il manque de crédit.

*

En matière d'ingratitude, sa mémoire était infaillible.

*

Tous les hommes naissent libres et égaux, mais ils n'ont pas tous droit à un enterrement de première classe.

*

Quand les blés sont fauchés, les cultivateurs sont riches.

*

Quand ma chatte fait patte de velours, c'est pour se faire pardonner les coups de griffe qu'elle ne m'a pas encore donnés.

*

Avant de cracher dans la soupe, il vaut mieux s'assurer que son assiette est vide.

*

Il avait brûlé tant de manuscrits que sa vie sentait la feuille morte.

*

Il y a des jours si désespérés qu'ils vous donnent envie d'aller faire un tour à la gare de l'Est pour voir si la guerre n'a pas été déclarée.

*

Ceux qui ont de la chance ne croient pas au hasard.

*

Les accusés de réception sont acquittés d'avance.

*

Lait condensé...
Pis aller.

*

Quand il votait la confiance, il émettait toujours des réserves pour le jour où il cesserait de la voter.

*

Il n'y a rien qui défrise autant que d'être coiffé sur le poteau.

*

Il ne faut jamais faire de réponse embarrassée à une question embarrassante.

*

Ce à quoi on n'a jamais pensé s'énonce plus clairement que ce à quoi on n'a jamais cessé de réfléchir.

*

Il ne lisait jamais les critiques de peur de leur donner raison.

*

L'actualité a parfois du talent mais il lui faut du temps pour avoir un sens.

*

Quand il ne vous reste plus rien, il vous reste l'ambition.

*

Si l'on n'est pas sûr, en taxi, d'avoir assez d'argent sur soi et qu'on ne quitte pas le regard de sa copine, sans jeter le moindre coup d'œil au compteur, c'est qu'on l'aime vraiment.

*

Il n'y a ni solution ni lutte finales.

*

Si je ne désirais que ce que j'aime, je n'aurais pas besoin de grand-chose.

*

On s'habitue plus facilement à gagner de l'argent qu'à en manquer.

*

Il avait échoué à son permis de conduire. Le permis d'inhumer lui a été accordé au premier coup de volant.

*

À force de se donner des coups dans les chevilles, il avait la tête enflée.

*

Les meilleures années de notre vie sont, quoi qu'il arrive, celles qui nous restent à vivre.

*

Si tout est dans tout, il n'y a plus de place pour rien.

*

Quand on traite de vaurien quelqu'un qui ne vaut pas grand-chose, on lui cause un préjudice commercial.

*

Les poteaux d'exécution ne vous laissent jamais tomber.

*

Si les bisexués étaient aussi hermaphrodites, cela leur simplifierait la vie.

*

L'avantage des premiers romans c'est que, dans la plupart des cas, ils vous découragent d'en écrire un second.

*

Quand on n'aime plus une femme, la quitter demeure la seule façon de s'être fidèle.

*

Les majorations fiscales sont des contraventions pour excès de lenteur.

*

Elle croyait embarquer pour Cythère. Il la menait en bateau.

*

– Attendez une seconde... Je vous apporte un parapluie ? propose le portier de l'hôtel

– Non, apportez-moi le soleil tout de suite, répond le milliardaire.

*

Il y a des gens qui ne sont égoïstes que pour en faire profiter les autres.

*

Si vous ne savez pas écrire, contentez-vous de signer.

Si vous êtes sûr de votre innocence, ne le montrez pas trop.
Cela risquerait d'éveiller des soupçons.

*

Marin à terre...
Terrain vague.

*

Celui qui a écrit : « Les grandes douleurs sont muettes » n'était sûrement jamais passé entre les mains de la Gestapo.

*

Si un jour je devais être décapité (le monde est si peu sûr en ce moment), je ne demanderais pas au bourreau de montrer ma tête au peuple.
J'essaierais au contraire de me la rentrer dans les épaules.

*

Tout ce qu'on fait contre le temps se retourne contre vous.

Exemple : vivre.

*

Il y aurait beaucoup à dire sur l'amitié mais ce ne serait pas forcément très amical.

*

« Moi – m'a dit ce jeune comédien – je joue à guichets fermés ».

Effectivement, il ne se produit que dans les prisons.

*

Ce monsieur avait divorcé dès le retour de son voyage de noces à Venise, sa femme lui ayant annoncé sans méchanceté aucune :

– Ce serait tout de même une belle ville pour y vivre un grand amour.

*

Une femme pardonne difficilement qu'on ait essayé de se tuer pour elle et qu'on se soit raté.

Elle considère cette maladresse comme un échec personnel.

En revanche, si l'on s'est réussi, cela lui permettra de briller dans les dîners en ville, et de trouver un nouveau mari dans les plus brefs délais.

*

Pour désarmer les femmes, il n'est pas vraiment nécessaire de leur tirer dessus à coups de revolver.

*

Il faut avoir été amoureux au moins une fois dans sa vie.

Cela vous enlève pour toujours l'envie de recommencer.

*

Il y a des femmes qui entre l'église et la mairie ont déjà un naturel de veuve.

*

Il y avait plus de vingt ans qu'il envisageait de tuer sa femme, mais la peine de mort n'était pas encore abolie.

*

Il m'a fallu du temps pour le découvrir mais maintenant je le sais de source certaine : Adam et Ève n'ont pas été chassés du Paradis Terrestre. Ils s'en sont évadés. À bout d'ennui.

*

Tomber amoureux...

Je ne sais pas si l'on peut tomber plus bas, mais on ne peut tomber de plus haut quand on a cessé d'aimer.

*

Aimer, c'est renier tout ce que je viens d'écrire sur l'amour.

*

Le théâtre du Vieux-Colombier a fermé ses portes depuis longtemps. C'était fatal. Pour y accéder, il fallait passer par la rue du Four.

*

Il faisait semblant d'être malade. Il a réussi.

Il faisait semblant d'être heureux. Il a échoué.

*

Trois générations dans le même mauvais film.

Trois pater et un navet.

*

Donnez un bouquet de violettes à une vache, elle en fera une bouse.

*

Si j'avais su qu'avoir soixante-quinze ans c'était si agréable, j'aurais commencé plus tôt.

*

Les années que j'ai vécues me pèsent, les prochaines me sont légères.

*

Il était une fois un homme juste.
Une fois mais pas deux.

*

Il était une fois une vierge.
Une fois pour toutes.

*

Si je ne t'aimais pas, je n'aurais même pas envie de te détester.

*

Les gens qui disent : « Je suis raciste mais je reconnais que... » m'inspireraient plus confiance que ceux qui disent : « Je ne suis pas raciste mais avouez que... » s'il m'était arrivé d'en rencontrer un seul.

*

Vendre son âme au diable prouvait au moins qu'on en avait une.

*

On ne peut acheter une conscience que si l'on a déjà vendu plus cher la sienne.

*

Il pleut autant en Provence qu'à Paris. Mais comme ce n'est pas à la même époque et que dans les livres de Pagnol il ne pleut jamais, les Parisiens ne sont pas au courant.

*

En provençal, attendre se dit « espérer ». Pourtant il y a longtemps que les Provençaux n'attendent plus rien de personne.

*

Chez les sudistes, se fâcher avec quelqu'un est une preuve d'estime : on ne se fâche pas avec n'importe qui.

Et quand on se fâche « pour la vie », cela donne encore plus de charme à nos réconciliations.

*

Fraîcheur d'été fait bronzer les rivières.
Lumière d'été trouble les regards.

*

Son mari ne pouvait pas lui faire d'enfants. Elle s'en est fait faire un par quelqu'un d'autre.

Mieux vaut bâtard que jamais.

*

L'impuissance aiguise la lucidité mais n'améliore pas le caractère.

*

Il faut souvent marcher à côté de ses pompes si l'on veut trouver son chemin.

*

Il y a beaucoup d'inepties gravées dans le marbre.

*

Les grillons ont été créés pour faire chanter le silence de la nuit.

*

Le pays qui a donné la pétanque au monde a bien mérité de la démocratie universelle. Il a réussi à démontrer aux riches qu'il est plus facile de faire fortune dans l'immobilier que de faire jeu égal sur un terrain de boules avec son jardinier.

*

Il faisait si beau, ce matin-là, que nous sommes restés près d'une heure sans parler.

*

Chez nous la nuit ne tombe pas : elle se lève.

*

Le curé avait organisé une procession pour faire tomber la pluie. Personne n'est venu. Il est quand même tombé trois gouttes.

*

Complimenteur.
Complet menteur.

*

Son vilain nez montait la garde de sa jolie bouche.

*

On se raconte souvent pour ne pas savoir qui on est.

*

Quand on emprunte l'auto d'un ami, emprunter un sens interdit est une indélicatesse.

*

Le coq de mon église a été emporté par le mistral.

Il n'avait pas l'esprit de clocher.

*

Il vaut mieux être le dindon de la farce que la farce du dindon.

*

Flatter les puissants et réserver ses critiques à ceux qui sont incapables de se défendre...

Cela s'appelle l'indépendance d'esprit.

*

Il y a des gens qui se donnent beaucoup de mal pour avoir l'air aussi bête que ce qu'ils sont.

*

L'argent est innocent quand on le dépense.
Humiliant quand on le gagne.

*

Il est à peu près impossible de connaître vraiment ceux qu'on a pris l'habitude de tutoyer sans les connaître.

*

La réussite fait peser tant de haine sur les épaules qu'il est surprenant de ne pas rencontrer plus de bossus.

*

Le dégoût est un sentiment qui apporte bien des consolations.

*

On lui aurait donné le Bon Dieu sans confession.

On lui a donné une bonne fessée sans contrition.

*

Son silence en disait trop long pour que la discussion ne tourne pas court.

*

Il a fini par être « reconnu » mais il ne se reconnaissait pas lui-même.

*

Après lavage, on peut faire du papier blanc avec le bois des forêts brûlées.

Un papier qu'on se hâte de noircir aussitôt et qui repart en fumée.

*

Plus tôt on apprend les ficelles du métier, plus tôt on peut s'en passer. Si on les découvre trop tard, elles vous tiennent lieu d'inspiration.

*

Si un ami (ou même un inconnu) vous accable d'éloges, n'hésitez pas à lui dire :

– Tu me flattes mais continue...

*

Il ne pouvait pas s'empêcher de tricher même quand il se faisait une réussite pour savoir si sa prochaine magouille réussirait.

*

Quand j'écoute Mozart, j'entends aussi mon silence.

*

Les techniques de la communication.
Ou l'art de sophistiquer la solitude.

*

« Quand j'ai vu à la télévision les images du premier Américain qui marchait sur la Lune, j'ai tenu à vérifier qu'il ne s'agissait pas d'une supercherie. Mais comme les Soviétiques n'avaient pas l'air de protester, j'ai fini par admettre que cela pouvait être vrai. »

Il a dit ça, M. Umberto Eco, et il a bien raison de rester sur ses gardes. Le reportage et la propagande utilisent les mêmes images.

*

Les débats télévisés ne sont pas faits pour éclairer les téléspectateurs mais pour obscurcir les problèmes.

C'est pour ça que les hommes politiques acceptent d'y aller sans être payés.

*

« L'indice de satisfaction » et « l'indice d'écoute » sont des frères siamois. Ils ne se quittent jamais mais ils se tournent le dos.

*

Le capital de connerie dont disposent les êtres à leur naissance varie selon les individus. Mais les chances de le faire fructifier sont égales pour tous.

*

– Est-ce qu'il y a des sangliers dans la région, cette année ?

– Sûrement... J'en ai déjà raté quatre.

*

Dans le patinage artistique, il y a des « figures imposées ».
Dans les Ministères aussi.

*

À en juger par le nombre de ses invendus, il avait un talent considérable.

*

Pour gravir un échelon dans la hiérarchie, il faut souvent passer par l'escalier de service.

*

Quels que soient nos mérites réels ou supposés, on est toujours le con de quelqu'un.

*

À force de patience, d'application et de modestie, on peut passer pour un con aux yeux des gens intelligents.
Mais pas aux yeux des cons.

*

La connerie absolue est aussi rare que la sainteté.

*

Que ceux qui disent : « Je suis peut-être un con mais... » se rassurent : ils le sont vraiment.

*

Non seulement les cons sont cons, mais à force de s'écouter parler ils sont devenus sourds.

*

Il y a autant de cons dans les bistrots qu'à la Sorbonne.

Mais leur conversation est souvent plus divertissante.

Et, parfois, plus instructive.

*

La connerie n'est pas héréditaire mais avec les progrès de la science, cela doit pouvoir s'arranger.

*

Si les mots se laissaient prendre au collet, je me ferais braconnier.

*

Renier son amour, c'est aimer encore.

Oublier son amour, c'est n'avoir jamais aimé.

*

Un parfum de tristesse est plus agréable à respirer qu'une odeur de moisi.

*

Ses rides étaient si gaies qu'on aurait dit des fossettes.

*

J'aime les écrivains dont les livres ont l'air d'une lettre qu'ils m'ont envoyée en recommandé et que j'ai reçue comme une bouteille à la mer.

*

Les avis de décès devraient logiquement figurer parmi les annonces classées.

*

Il n'est pas honorable de vivre à genoux. Mais quand on meurt, on se fait moins mal en tombant.

*

Le jour me paraît moins lumineux depuis que mes lavandes se sont éteintes.

*

Si je pouvais téléphoner aux étoiles, je leur dirais : « Halo... ».

*

Il plantait des drapeaux dans tous les bars qu'il fréquentait. C'était un ancien militaire.

*

Le crabe ne donne pas le cancer.

*

De ratures en ratures, on s'approche de la littérature.

*

Un ver luisant sur un escargot, ça éclaire moins bien qu'un gyrophare sur une voiture de flic, mais c'est plus joli.

*

La télévision vide notre inconscient en prétendant le meubler.

*

Il y a peu de veufs qui survivent très longtemps à leur veuvage : le mariage les a épuisés d'avance.

*

La vie est un brouillon que les nécrologies remettent au propre.

*

La Terre est plus raisonnable que les hommes. Elle fait ses révolutions à heure fixe.

*

Sans foi ni loi...
Sans toi.

*

Le Président ne demandait qu'à dissoudre l'Assemblée.

Mais il ne savait pas dans quoi.

*

Le soulagement qu'on éprouve à quitter une femme peut vous donner envie de la revoir.

*

Quand il était là, il passait inaperçu, mais son absence était toujours remarquée.

*

Il passait ses journées sur le quai des gares et quand un train partait, il agitait son mouchoir pour faire croire qu'il n'était pas tout seul dans la vie.

*

Un chou, c'est un chou, disait l'Auvergnat marchand de fruits et légumes, mais celui-là vaut quatre francs cinquante.

*

Si l'enfer, c'est les autres, je serai seul au paradis.

*

L'État se permet d'emprunter à débit grâce au crédit qu'on lui prête.

*

Je suis arrivé à mériter son indifférence. Comment faire pour qu'elle me haïsse à nouveau ?

*

Au premier whisky de la journée, il disait : « Place-toi bien, petit, pour regarder passer la procession ».

*

Mon éditeur voulait me payer en livres. J'aurais accepté s'il avait été anglais.

*

Quand un flic vous interroge, il vaut mieux lui répondre que lui répliquer.

*

Je ne reproche qu'une chose à 68 : avoir maintenant vingt ans de plus que lui.

*

Les descentes de lit se taisent de peur d'être indécentes.

*

Mon verre n'est pas grand...
Je bois à la bouteille.

*

Si mon oncle était ma tante, le roi ne serait pas mon cousin.

*

Il y aurait beaucoup à dire sur la prétendue sagesse des vieillards. Les sénateurs, quand ils ne parlent pas de leur prostate, se racontent des histoires de cul.

Cela leur laisse peu de temps pour s'occuper des affaires de l'État.

*

Les pauvres ne sont pas raisonnables.

Non contents de ne pas avoir le nécessaire, les voilà qui réclament le superflu.

*

Le désir de faire une œuvre en avance sur son temps la démode avant même qu'elle ne soit écrite.

*

Il vaut mieux avoir des titres au porteur que des titres à ma reconnaissance.

*

Les gens du Sud sont toujours obligés de monter à Paris pour « faire leur place au soleil ».

*

Il vaut mieux perdre la face qu'avoir la gueule cassée.

*

L'agent double restait à sa fenêtre pour vérifier ses allées et venues.

*

La première fois qu'elle s'est déshabillée devant moi, je ne l'ai pas reconnue et, depuis, je ne peux plus la voir.

*

Le silence fait sur son nom lui donnait des bourdonnements d'oreille.

*

Ce n'est pas pour me vanter mais j'ai connu le premier mari de la femme de Pétain :

– Comment était-elle ? lui ai-je demandé.

– De mon temps, elle avait de l'esprit, m'a-t-il superbement répondu.

*

Il ne pouvait plus quitter son fauteuil, mais il gardait toujours sa canne à la main en souvenir.

*

L'épicurisme et le stoïcisme ne sont pas des ennemis.

Ils se sont partagé la besogne pour tenter de nous rendre la vie supportable.

*

Depuis qu'il ne croyait plus en Dieu, il n'avait plus confiance en lui-même.

*

Quand on manque de tout, il est difficile de ne pas manquer d'imagination.

Ce serait pourtant le moment d'en avoir.

*

Le droit à l'impolitesse est un privilège que les condamnés à mort ne font pas toujours valoir.

*

Aller en enfer n'est pas à la portée de tout le monde.

*

Il y a des gens qui se mettent au désespoir avec plus d'enthousiasme qu'au travail.

*

À la longue, la sous-alimentation fait perdre l'appétit, mais elle aiguise l'odorat.

*

Appuyer sur la détente n'est pas la meilleure façon de la faire régner.

*

Un bon chien vaut mieux que deux angoras.

*

Elle avait des échelles à ses bas, ce qui vous ôtait l'envie d'aller voir plus haut.

*

– C'est une déclaration d'amour ?
– Non, Madame... C'est une prière d'insérer.

*

– Quel âge avez-vous ?
– Je ne l'ai déjà plus.

*

À qui mange son père, il n'est rien qui ne soit comestible.

*

Il y a peu de bonheurs qui ne fassent de tort à personne.

*

Quand il se regardait écrire, il faisait la grimace.

*

Il me semble que si j'étais Polytechnicien, je serais ému de compassion à la vue de ces parallèles maudites qui, quelle qu'en soit leur envie, ne se rencontreront jamais.

*

La guerre ne peut pas se passer de soldats mais les soldats s'en passeraient volontiers.

Il y a un certain confort dans l'abjection.
À condition de s'y vautrer.

*

Quand on est dans le commerce, il y a intérêt à ne pas montrer ses opinions. En politique, au contraire, il faut les afficher.
Surtout si on n'en a pas.

*

L'exercice de la méchanceté est aussi épuisant que celui de la charité mais il procure d'autres satisfactions.

*

Entre chien et loup, tous les chats sont gris.

*

C'est entre la poire et le fromage qu'on met les dessous de table sur le tapis.

*

Il n'y a rien de plus gratifiant qu'un succès totalement immérité.

*

Un « parfait honnête homme » dans l'immobilier, c'est quelqu'un qui n'a jamais été pris en flagrant délit.

*

L'interdiction d'interdire a toujours été interdite.

*

La fumée se tortillait dans tous les sens. On aurait dit qu'elle faisait des manières pour aller au ciel.

*

Il avait peint un coucher de soleil. De retouche en retouche, il en fit un tableau de bataille.

*

Il y aurait beaucoup de tendresse à apprendre des loups et beaucoup de férocité des tourterelles.

*

Il est préférable d'offrir des fleurs à une femme plutôt que s'en servir pour lui donner une correction.
Elles sont si fragiles (les fleurs).

*

Les fusils des armées en déroute fonctionnent à la poudre d'escampette.

*

La plupart des gens agréables à fréquenter ne gagnent pas à être connus.

*

O récompense après une pensée
Qu'un bon vieux marc à la gloire de Dieu.

*

Il est impoli de parler d'argent à table excepté s'il n'y a rien dans les assiettes.
Mais dans ce cas, il est difficile de trouver un autre sujet de conversation.

*

Il était si petitement logé qu'il n'avait que ses toilettes pour tour d'ivoire.

*

Je t'aimerai jusqu'à mon dernier sourire...

*

Les corbeaux ne se prennent jamais pour des merles excepté quand on en fait du pâté.

*

Si votre ticket n'est plus valable avec les dames, il vous reste les jetons.

*

On ne frappe pas un ennemi à terre.
On l'achève.

*

Il était si plein de sa personne qu'il pétait en public avec l'air de quelqu'un qui nous ferait l'aumône.

*

– Tu crains la mer ?
– Non... Je crains le bateau.

*

Il n'est pire aveugle que celui qui ne veut rien entendre.

*

Il tutoyait ses secrétaires mais leur disait vous quand il les mettait à la porte.

*

Si vous n'avez rien à cacher, ne le dites à personne. Ce sera votre secret.

*

Un vertueux trouve toujours un plus vertueux qui le décourage de la vertu.

*

La société pour la récupération des coups de pied au cul qui se perdent a fait faillite.

Par manque de bras.

*

Ils n'ont même pas la maîtrise de leur emploi du temps, ceux qui sont à la recherche d'un emploi.

*

Il pratiquait la politique du pire.

Faute de mieux.

*

Vivre n'est pas bon marché. Se faire incinérer est hors de prix. Alors autant continuer à vivre.

*

Pour éponger ses dettes, il ne faut pas ménager sa sueur.

*

La mort m'inspire de tels sentiments de haine que j'essaie de ne pas en tenir compte pour ne pas mettre mes jours en danger.

*

Si on ne badinait pas avec la mort, qu'en pourrait-on faire d'intéressant ?

*

Avec une armoire normande, on peut faire un petit banc.

Pour faire une armoire normande avec un petit banc, il suffit de procéder en sens inverse.

*

Clamer son innocence n'empêche pas de réclamer l'indulgence de ses juges.

*

Quand on coupe la poire en deux, il vaut mieux être du côté du couteau.

*

Les bien-portants aussi sont contagieux.

*

Quand les feuilles d'argent de mes oliviers s'agitent sur mon passage, je suis plus fier qu'un monarque défilant entre des écoliers agitant leurs petits drapeaux.

*

La meilleure chance de durer pour les « regrets éternels » est de se transformer en remords. On a toujours quelque chose à se faire pardonner par ceux qui ne sont plus là.

*

Le verbe a beau se faire chair, il est difficile de payer son boucher avec de bonnes paroles.

*

Pour un écrivain, le temps perdu est le meilleur des placements.

*

Il est conseillé de parler à demi-mot quand celui à qui on s'adresse détient l'autre moitié.

Et s'il possède le mot entier, autant se taire.

*

Prise en sandwich entre l'éternité qui la précède et celle qui la suit, la vie se sent un peu coincée.

*

L'envie de mourir empêche rarement les gens de vivre.

*

Le temps d'apprendre à vivre, il est déjà trop tard.

Mais qu'y avait-il donc à apprendre ?

*

C'est au réveil que les songes s'endorment.

*

Où il y a de la gégène, il n'y a pas de plaisir.

*

Le travail de nuit est plus pénible que le travail de jour, mais, en principe, mieux payé.

Tous les cambrioleurs vous le diront.

*

Quand j'entends sonner le glas, je me prends le pouls pour vérifier que je suis encore vivant.

*

Vue de Paris, la campagne est plus belle que nature.

*

Les choses ont beaucoup évolué depuis Rochefort.

Il y a maintenant en France cinquante-cinq millions de sujets de mécontentement.

•

Les fins de non-recevoir ouvrent la route aux accusés de réception.

•

Le mensonge sert plus souvent qu'on ne croit à faire apparaître la vérité que le menteur tente de cacher.

•

Pour laisser un bon souvenir de soi, on est souvent obligé d'effacer ses traces.

•

Bienheureuses les montagnes qui ne se rencontrent jamais, alors que les gens qui ne « peuvent pas se voir » n'arrêtent pas de se heurter l'un à l'autre.

*

La réussite ne réussit pas à tout le monde. Les échecs à quelques-uns.

*

Si le hasard, comme on le prétend, faisait bien les choses, il n'y aurait plus de hasard.

*

Il avait la tête de quelqu'un qui vient de perdre à un jeu télévisé. Sa femme était morte le matin.

*

Il n'y a que les gens comblés par la vie qui se demandent si elle vaut d'être vécue.

Les autres n'ont pas le temps.

*

À la saison des cerises, les pies n'ont pas besoin de voler des boucles d'oreilles.

*

Les petits bistrots sont les « stations service » des bandits de grand chemin.

*

Les champs de courses ont un avantage sur les hôpitaux. On y meurt rarement d'un tuyau crevé.

*

Elle avait une bouche de miel, mais une langue de vipère.

*

Il aurait tellement aimé que le malheur des autres lui fasse plaisir qu'il souffrait de son indifférence.

*

Les amis que vent emporte reviennent par la petite porte.

*

Un livre terminé n'est pas toujours une œuvre achevée.

*

La pensée crée des blessures qu'elle n'arrive pas à panser.

*

Je ne sais pas si les cordes de pendu portent chance mais elles sont solides.

*

Quand on a fait une connerie, on est obligé d'en faire des centaines d'autres pour tenter de la faire oublier.

*

Il y a des mots qui font « bonne bouche ». D'autres qui vous « écorchent la langue ».

*

De quelqu'un dont on dit qu'il a « toutes les qualités », il faut espérer qu'il a aussi quelques défauts pour les mettre en valeur.

*

Il est plus agréable de dilapider son talent que de ne pas en avoir.
Sa fortune aussi.

*

Il est difficile de composer avec le passé simple.

*

On ne peut pas avoir avec la mort une discussion sérieuse. Elle vous retire la parole au moment où cela commence à devenir intéressant.

*

Il n'y a rien de plus tentant que de bâtir avec mille petits faits vrais une histoire à dormir debout.

*

Un bienfait n'est jamais perdu. Surtout s'il est déductible de vos impôts.

*

Une poule pond. Un abricot trop mûr tombe de l'arbre sur la terrasse. La poule se retourne et caquète de bonheur en constatant que son œuf n'est pas cassé.

*

– Voulez-vous coucher avec moi ?
– Non, merci. Je n'ai pas sommeil.

*

La fleur de l'âge donne surtout des boutons.

*

Je me trouve beau quand on me dit que je ressemble à ma fille, mais pas du tout quand on me dit qu'elle me ressemble.

*

Pendant la guerre d'Algérie, les appelés avaient du mal à se considérer comme des élus.

*

Il y avantage à boire en Suisse. Cela ne vous oblige pas à filer à l'anglaise.

*

En amour, le premier choix n'est pas toujours de première qualité.

*

J'ai prévenu ma famille : le jour de ma mort, je serai encore plus insupportable que d'habitude.

On se fait regretter comme on peut.

*

Il est mort guéri. D'une crise cardiaque.

*

La mort est une mauvaise habitude qu'on prend sans s'en apercevoir mais dont on ne peut jamais se corriger.

*

Il m'arrive d'engueuler mes amis disparus pour leur reprocher leur impolitesse. Vous voyez bien que je ne les oublie pas.

*

Il y a des gens qui n'ont fait que de la figuration dans une vie dont ils se croyaient la vedette.

*

Tout être humain est une énigme qui ne gagne pas toujours à être résolue.

*

Chaque fois qu'une horloge se dressait sur sa route, il lui tirait dessus à coups de fusil. Il appelait ça « tuer le temps ».

Il passait pour fou. Il n'était que maladroit puisque le temps a eu le dernier mot.

*

Je n'ai ni mémoire, ni imagination. Ou plutôt je ne peux imaginer qu'à partir du moment où j'essaie de me souvenir.

*

Les chats qui se nourrissent de lézards sont plus maigres que les autres mais ils courent plus vite.

*

Ce qu'il y a de plus précieux dans la mémoire, c'est l'oubli.

Lui seul permet l'invention.

*

Les mythes n'ont pas besoin de passeport : ce sont les vrais citoyens du monde.

*

Si l'on rassemblait tous les fragments de la Vraie Croix éparpillés dans le monde, on s'apercevrait qu'elle pesait plusieurs tonnes. Ce qui prouve que Jésus était un véritable colosse puisqu'il n'a trébuché que trois fois sous la charge.

*

Si on ne parlait jamais de ce qui fâche, la conversation risquerait souvent de languir.

*

J'en viens à me demander si le Penseur de Rodin, dans la position qu'on lui a fait prendre, ne finira pas par avoir plus mal au dos que mal à la tête.

*

Le tonnerre joue aux boules tout seul.

*

Ce sont les opprimés qui se font de la liberté l'idée la plus belle.

La plus belle mais pas vraiment la plus exacte.

*

Il m'arrive souvent d'écrire pour me consoler de n'avoir personne à qui parler.

*

Tout bonheur qu'on n'atteint pas n'est qu'un rêve.

Ce qui lui évite de devenir un cauchemar.

*

On renonce aussi difficilement à ce qu'on a qu'à ce qu'on désire.

*

Si j'avais su qu'être veuve c'était si agréable, m'a dit une amie d'enfance, j'aurais commencé plus tôt.

Mais elle a eu la délicatesse de ne pas me dire comment elle s'y serait prise.

*

Il y a des gens qui écrivent pour se confesser.
D'autres pour se cacher.
Ce sont les plus impudiques.

*

Je ne sais pas si je serai réélu, m'a dit monsieur le Maire.

Mais je suis sûr de laisser un grand souvenir à mes concitoyens. Ne serait-ce qu'en raison du volume des dettes que j'ai faites en leur nom...

*

Envieux, avare, gourmand, coléreux et libertin, il avait en outre l'orgueil de sa paresse.

C'était en somme un homme tout à fait ordinaire puisqu'il pratiquait tous les péchés capitaux à la fois.

*

Les idées auxquelles je tiens commencent à devenir un peu collantes.

*

Il m'a présenté sa petite amie d'un air gêné. Comme s'il me présentait des excuses.

*

La grande ceinture ne peut se passer de bretelles.

*

Mon toit est à moi, son corps est à elle.

Je préférerais que mon toit soit à elle et que son corps soit à moi.

*

Cheval de fiacre sent le sapin.

*

Pleine lune...
Pierrot gourmand.

*

Herbe tendre...
Jambes en l'air.

*

Viol de nuit...
Terre des hommes.

*

Pause café...
Sieste coquine.

*

Ce saint homme était si pauvre qu'il n'avait plus que son missel à mettre au mont-de-piété.

*

Les mères poules ne font pas d'omelettes aux lardons.

*

Les incendies de forêts attristent les feux de bois.

*

Sous la pluie, le vent se couche.
Yvan se douche.

*

Quand on imprime un bon mot, il faut trouver le bon caractère sinon il sera de mauvaise humeur.

*

Les vides juridiques emplissent les poches des avocats.

*

C'est tout de même curieux qu'on ne puisse pas sentir quelqu'un qu'on a dans le nez.

*

Prendre son médecin en grippe fait monter la fièvre.

*

Chagrin d'amour...
Peine perdue.

*

Les pêcheurs de lune ne rentrent jamais bredouilles.

*

On perd le nord quand on arrive au pôle.

*

Gros chagrin...
Petit bobo.

*

Allô, soleil...
Ici l'ombre.

*

Les reliefs des monts d'Auvergne ont de beaux restes.

*

Les idées fixes amènent de grands désordres.

*

Il avait deux petites amies.
Elles se sont fait la paire.

*

Quand on gagne des milliards, on ne peut pas se passer de l'argent des autres.

*

Comme je m'appelle Yvan Odilon Pierre Louis Audouard, si je faisais le même métier que Patrick Poivre d'Arvor, je ferais un boum en signant Y.O.P.L.A...

*

Les objectifs des caméras sont plus clairs que ceux des reporters.

*

Si la fortune est aveugle, j'ai ma chance.

*

Si on avait la clé des songes, à quoi servirait-il de rêver ?

*

La bonté, c'est ce sentiment qu'on éprouve quand on vous rend un argent que vous n'avez pas prêté de gaieté de cœur.

*

Le con n'aime pas qu'on le prenne pour un con.

*

Dans les grandes familles, tant que la connerie du fils n'a pas atteint le niveau de la connerie du père, la succession n'est pas ouverte.

*

Quand il m'arrive de penser, je ne suis jamais sûr de penser ce que je pense.

*

Si, d'aventure, quelqu'un vous appelle Maître, conseillez-lui de vous appeler tout de suite vieux con.

Cela fera gagner du temps à tout le monde.

*

Nul ne sait mieux que moi que la Provence dont je parle n'existe pas.

C'est pour cela que j'y habite.

*

Quand on a fini sa croissance, on ne peut grandir qu'à l'intérieur.

La connerie rassemble plus qu'elle ne divise : les cons, en effet, sont tellement persuadés d'avoir raison qu'ils n'écoutent jamais ce que vous dites. Ce qui leur permet d'être toujours d'accord avec vous.

*

L'exactitude est la politesse des chemins de fer.

*

L'impuissance est la forme la plus courante de la résignation.

*

Tout ce qui est désuet devient durable.

*

Quand je réveille mon chat, il a l'air reconnaissant de celui à qui on donne l'occasion de se rendormir.

*

Les bénitiers sont les baignoires du diable.

*

Il y a des lois qui comportent tellement de contradictions et d'obscurités qu'elles en deviennent humainement supportables.

*

De nos jours, il y a beaucoup plus d'avions à détourner que de mineures.

*

Les cloches ont besoin de Dieu.

*

Croire qu'on peut se débarrasser de sa vérole en la refilant à quelqu'un d'autre est non seulement inexact mais criminel.

En revanche, je ne vois pas comment faire autrement avec ses complexes.

*

J'ai connu en Afrique Noire un exploitant forestier qui payait la semaine de ses ouvriers avec les recettes de la machine à sous qu'il leur avait offerte.

*

On a souvent envie de régler son compte à celui à qui on ne peut pas régler ce qu'on doit.

*

Il faut dire la vérité le plus souvent possible si vous voulez que vos mensonges passent inaperçus.

*

Je vais où je m'ignore. Mais quand j'y suis, je ne connais plus personne.

*

Quand il fut condamné, il maudit ses juges mais accusa le coup.

*

Jour de gloire...
Trempette dans la renommée.

*

Ma mort sera le dernier de mes soucis.

*

Je n'ai aucune raison de t'aimer puisque je suis fou de toi.

*

L'argent ne fait pas le bonheur des veuves, mais il leur permet de choisir leur nouveau mari.

*

L'ennui est une longue et cruelle maladie mais il n'est pas remboursé par la sécurité sociale.

*

Malgré les apparences, la Suisse, c'est très plat.

*

Un écrivain dont le livre n'a pas de succès ne se demande jamais s'il n'y a pas un peu de sa faute.

*

– Peut-on mener de front la pratique de la sieste et celle de la grasse matinée ?
– Si on le peut, on le doit.

*

Mourir pour ses idées ne prouve pas qu'elles soient bonnes.

*

Quand les caves se rebiffent, ce sont les tonneaux qui trinquent.

*

Tant va le prolo au boulot qu'à la fin il se casse.

*

Le clairon est le plus bel instrument de musique.

Quand il sonne l'armistice.

*

Les bûcherons font les bûches rondes.

*

Les alliances qu'on exclut solennellement à l'avance sont sur le point d'être scellées.

*

Il y a encore quelques personnes qui ont conservé par habitude des égards pour le troisième âge. Et quand elles promènent un ancêtre dans leur automobile, elles l'installent à la place du mort.

*

Les vacances aux anciennes colonies sont plus coûteuses que les colonies de vacances.

*

Les déçus de l'écu ne doivent pas se tromper de cédille.

*

À partir du moment où un académicien est élu, il devient un fauteuil.

Mais si on s'assied dessus, il s'écroule.

*

Ce qui est « plutôt réussi » est complètement raté.

*

Le général s'était mis en civil pour me parler en particulier.

*

Les ambitieux sont plus jaloux de leur autorité que de leur femme.

*

Les chagrins d'amour cicatrisent mieux que les blessures d'amour-propre.

*

Il ne faut pas confondre un touriste et un explorateur.

Ils ne découvrent rien ni les uns ni les autres, mais les touristes voyagent à leurs frais.

*

Quelqu'un qui a réussi se souvient parfois de ses amis dans la débine.

Jamais de ceux dont il a pris la place.

*

Pour certains ambitieux, le mépris de soi-même est encore plus motivant que le mépris des autres.

*

Comment pourrais-je me permettre, au fragile abri de mon âge, de donner des conseils, moi qui n'en ai accepté aucun quand j'étais jeune !

*

Quand il trompait sa femme, il disait qu'il entrait en dissidence mais il ne faisait jamais sécession.

*

Les ratés par exigence sont insupportables à ceux qui ont réussi par complaisance.

*

Vous êtes ici chez vous, mais faites comme chez moi.

*

Si l'on veut déguiser ses passions, il y a intérêt à prendre le déguisement le plus voyant possible.

*

Jean Cocteau...
Feu d'artifices.

*

C'est le mal qu'on dit de vous sans que vous le sachiez qui vous fait le plus de peine.

*

Dans les dîners en ville, on parle à bâtons rompus.
Sur le dos des autres.

*

Mademoiselle Parkinson vient d'épouser Monsieur Frankenstein.
Nom de nom !

*

Les esprits éclairés tiennent parfois la chandelle.

*

Une canaille qui réussit à ruiner plus canaille que lui a droit à l'estime des honnêtes gens.

*

Quand toutes les victimes sont mortes, l'action de la Justice n'est pas éteinte.

*

Si l'on veut féliciter un ami qui vient d'écrire un livre, il vaut mieux en remettre la lecture à plus tard.

Ce qui vous permettra ou de ne pas lui en parler, ou de lui faire des compliments qu'il puisse croire.

*

J'aurais beau faire, mais quand mes petits-enfants seront vieux, je ne serai plus très jeune.

*

L'automne joue du violon.
L'hiver des castagnettes.

*

Aller d'un endroit où l'on s'ennuie mais où l'on peut vivre avec ce qu'on gagne à un endroit où l'on s'ennuie encore davantage et où l'on se ruine pour le restant de l'année, cela s'appelle, m'a-t-on dit, prendre des « vacances ».

*

La première fois qu'une jeune dame s'est levée dans le métro pour me céder sa place, cela m'a beaucoup contrarié.

Je n'ai pas mis très longtemps à m'y faire.

*

Quand l'amour et le plaisir se rencontrent, ils se regardent étonnés.

*

On m'a parlé d'une prostituée napolitaine qui faisait brûler des cierges à saint Joseph pour qu'il lui envoie de la pratique, mais qui n'hésitait pas à le traiter de cocu quand la clientèle se faisait rare.

Elle manquait sûrement de tact, mais sa foi ne saurait être mise en doute.

*

Il y a dans la femme des possibilités de souffrance bien plus vastes que chez l'homme.

Ce qui explique qu'elles récupèrent si vite.

*

Un amour dont vous ne parlez plus, jamais ne finira.

*

J'aime bien les femmes trilingues.

Elles vous donnent l'impression de vous monter à plusieurs dans votre lit.

*

Il avait acheté ma voix. J'ai trouvé ça si malhonnête que j'ai voté pour l'autre.

*

On peut se fâcher avec ses créanciers, mais pas avec son percepteur.

*

Je reconnais maintenant la Provence à son odeur de brûlé.

*

Je fais plus souvent des efforts d'amnésie que des efforts de mémoire.

*

Quand ils passent à la télé, les monarques sont toujours éclairés.

*

Ceux qui savent ne disent rien.

Ceux qui ne savent pas écrivent des romans policiers.

*

Si on vous traite de « provocateur » ou de « réactionnaire », c'est qu'on n'a rien trouvé à vous répondre.

Ou à vous reprocher.

*

Toujours envisager le pire risque d'effaroucher le meilleur.

*

Je ne m'écoute pas parler, c'est mon porte-plume qui m'écoute écrire.

*

Le jour n'est pas plus pur que le fond de son cœur... Par temps d'orage.

*

Comment aurais-je pu, moi qui ne suis pas gaucher, prendre des notes alors que j'avais toujours un verre dans la main droite ?

*

Avant l'heure, ce n'est pas l'heure. Après l'heure, ce n'est plus l'heure. Il nous reste vraiment très peu de temps pour vivre.

*

Sous Vichy, quand on parlait de Pétain, il ne fallait pas dire « l'illustre Vieillard » mais « le Vainqueur de Verdun ».

Pourtant cela ne le rajeunissait pas davantage.

*

Le souvenir des jours dorés de septembre permet de passer l'hiver sans prendre froid.

*

Les « histoires de femmes », les Provençaux n'en tiennent compte que pour écrire des tragédies.

*

Je n'ai jamais pu déterminer si un avocat était plus heureux d'avoir fait acquitter un coupable que malheureux d'avoir laissé condamner un innocent.

*

Le « Parisien », en tant que joueur de boules, est très apprécié sur le bord de la Méditerranée. Il gagne toutes les parties gratuites et perd les autres.

*

Quand on a un bon comptable, on ne fait jamais de bénéfices mais on gagne beaucoup d'argent.

*

J'espère que le Paradis existe.

Pour que les bigotes sachent enfin qu'elles n'ont pas pris le meilleur chemin pour y accéder

*

Si on n'écoute pas avec les yeux, on n'entend rien.

*

Les privilèges dont on ne bénéficie pas sont absolument inadmissibles.

*

Se mettre en évidence est la seule façon de cacher l'essentiel.

*

À part leur sexe, je vois mal ce qui distingue l'homme de la femme.

*

Qui retourne à sa source risque de mourir de soif en chemin.

*

La femme d'Einstein n'était pas la moitié d'un imbécile.

*

Tout événement qui n'a pas été filmé n'a pas eu lieu.

Tout événement qui a été filmé devient imaginaire.

*

Arriver en retard à un cocktail est la façon la plus sûre de s'y faire remarquer.

À condition que les photographes soient encore là.

*

Si quelqu'un n'arrête pas de donner des preuves de son amour, c'est qu'il en doute.

Mais s'il cesse d'en donner, cela ne veut pas dire qu'il aime encore.

*

Elle préfère se donner à sa tâche que se prêter à mes fantaisies.

*

Pourquoi vous donner la peine de dire du mal des autres si cela ne vous rend pas meilleur ?

*

Les auteurs de génie doivent attendre le succès plus longtemps que les autres.

Sinon, pourquoi dirait-on que le génie est une longue patience ?

*

Il vaut mieux être acquitté par défaut de preuve que condamné par défaut d'avocat.

*

Si l'amour était vraiment aveugle, il ne se tromperait jamais.

*

Remonter sa pente, c'est encore la suivre, mais ça fatigue davantage.

*

Si vos proches savent que vous êtes vraiment très malade, gardez-vous bien de leur dire que vous le savez aussi.

Vous leur enlèveriez le plaisir de vous le cacher, et ils se demanderaient peut-être si vous l'êtes autant qu'ils le croyaient.

*

Il est souvent préférable de ne pas connaître ses limites.

Cela vous évite de constater que vous les avez dépassées depuis longtemps.

*

En dépit des Droits de l'Homme et jusqu'à nouvel ordre (des choses), la liberté s'épanouit là où s'arrête celle des autres.

*

J'avais demandé à Picasso quel était le secret de sa jeunesse. Sans hésitation, il m'avait répondu :

– Je pisse dehors...

C'est sans doute l'une des raisons qui l'ont dissuadé de s'installer en Suisse.

*

Toute idée que vous n'avez pas eue devient originale à vos yeux.

*

Aimer quelqu'un vous donne pour un temps l'impression d'avoir gaspillé tout l'amour que vous avez donné aux autres.

*

Quand ils n'ont plus d'argent à distribuer, les Ministres donnent de la voix.

*

S'accrocher à un amour qui vous abandonne non seulement accélère sa fin mais rend insupportables ses derniers moments.

*

Se moquer de soi ne prouve pas qu'on ne se moque pas des autres.

*

Prendre son temps...
Oui, mais à qui ?

*

– Je ne vois pas ce que tu lui trouves.
– C'est précisément ce que je cherche.

*

Quand on vit « aux crochets » de quelqu'un, ce ne sont pas les crochets qui lâchent mais le support.

*

La femme qu'on aime, c'est celle qui vous fait oublier que vous en aimerez d'autres.

*

Il était si sympathique, que personne ne se serait permis de lui emprunter de l'argent.

*

Les sommets inviolés sont faits pour qu'on les viole.

Certaines femmes aussi. Mais dans les deux cas, il faut être prudent.

*

Quand un truand s'allonge sur le divan du psychanalyste, il se fait accompagner de son avocat.

*

Dire de quelqu'un qu'il est un con signifie, dans la plupart des cas, qu'il ne partage pas votre manière de voir.

*

Les hommes qui vivent des femmes sont plus jaloux que les pères de famille.

C'est normal : ils risquent à tout instant de perdre leur gagne-pain.

*

La jeunesse est un état transitoire. La vieillesse aussi. Mais elle a le mérite de déboucher sur l'inconnu.

Tandis que la jeunesse !

*

Il y a des jours où l'on est si sûr de soi qu'on ne doute pas de l'existence de Dieu.

*

Les bateaux à quai ont des fourmis dans les voiles.

*

Petite culotte...
Dessus du panier.

*

Quand on touche au but, il s'éloigne.

*

Vent dans les voiles...
Yvan debout.

*

Il n'y avait en lui que son silence qui fût respectable.

*

Demi-vierge...
Plein tarif.

*

On ne peut apprendre que ce qu'on a oublié. Tout le reste, on ne s'en souvient pas.

*

Il voulait en avoir le cœur net. Il en eut l'âme brouillée.

*

Elle baissait les yeux pour ne pas avoir à se voiler la face.

*

Quand jeunesse saura et que vieillesse pourra, il vaudra mieux tomber amoureux le plus tard possible.

*

Le déjà vu reste à découvrir.

*

Quand tu doutes, ne t'abstiens surtout pas de rechercher pourquoi.

*

La façon de penser vaut souvent mieux que ce qu'on pense.

*

L'annuaire du téléphone me tient lieu d'arbre généalogique.

*

Quand je parle de moi, je suis à la fois le sujet et le verbe.

Je n'ai pas besoin de complément.

*

Ce sont les petites gens qui fabriquent les grands hommes.

*

Si le temps c'était de l'argent, ceux qui n'ont pas une minute à eux seraient totalement ruinés.

*

On ne peut être ni témoin à son mariage, ni témoin de sa mort.

*

On nous prêche partout la modération...
Il y a quand même un peu d'abus !

*

Quand on a eu raison avant tout le monde, le temps est obligé de vous donner tort.
Il arrive trop tard.

*

Il avait été si souvent éconduit et il avait tiré tellement de sonnettes qu'il rougissait quand il tirait sa chasse d'eau.

*

Qui voit ses veines voit ses peines.
Contrepèterie belge.

*

Le mal qu'on dit des autres est le préalable au bien qu'on va dire de soi.

*

Tous les hommes sont nus à leur naissance. Mais certains déjà coiffés.

*

Il vaut mieux relire Balzac que relier Sulitzer.

*

Il y a de plus en plus de marchands d'emplâtre, bien qu'il y ait de moins en moins de jambes de bois.

*

On n'est vraiment fidèle qu'aux femmes qu'on ne connaît pas encore.

*

Il paraît que le soleil, l'eau et le vent, cela s'appelle maintenant les « énergies nouvelles » !

*

Les condamnés à mort aimeraient bien qu'on leur dise que demain sera un autre jour.

*

Le vraisemblable est un piège que le mensonge tend à la vérité.

*

Il peut arriver qu'on trompe la femme qu'on aime pour le plaisir de constater qu'on la préfère aux autres.

*

Il avait tellement d'imagination qu'il était jaloux des amants que sa femme n'avait pas encore.

*

Je ne suis pas infidèle à ma jeunesse. C'est elle qui m'a quitté. Et je ne sais pas pour qui.
Ni pourquoi.

*

Il y a des gens qui sont restés fidèles à la foi de leur enfance, en souvenir de leur première cuite au vin de messe.

D'autres qui l'ont perdue en cette occasion.

*

Dans les réunions mondaines, les idées reçues sont toujours invitées.

*

Il arrivait à s'endormir au milieu de sa propre conférence, en croyant qu'il écoutait celle d'un confrère.

*

Il y a des êtres à moralité variable.

En fait, il n'y a que ça...

*

Se tromper de mot est plus grave que tromper sa femme.

Les femmes pardonnent quelquefois.

Les mots jamais.

*

L'enfance est le seul cadeau que la vieillesse nous fasse.

À condition d'avoir pu en avoir une.

*

Son désintéressement était exemplaire.

Ce qui se passait dans le monde, il s'en foutait.

*

Si Dieu était une femme, je serais polythéiste.

*

Quand il commence un livre, un écrivain est angoissé. Il n'est désespéré qu'au moment où il l'a fini.

*

Il fait si chaud que les cigales grésillent même la nuit. Je ne les entends plus que quand elles se taisent.

*

Il sortait de ses bras si épuisé qu'il allait aussitôt reprendre des forces dans les bras d'une autre.

Elle sortait de ses bras si insatisfaite qu'elle lui resta fidèle toute sa vie, avec l'espoir que ça s'arrangerait un jour.

Moralité : il n'y en a pas...

*

Il y a des mouettes si mégalomanes qu'elles n'acceptent de faire escale que sur un porte-avions.

*

Demander la main d'une jeune fille alors qu'on a déjà pris tout le reste est une impertinence qui réjouit les pères de famille.

*

Depuis que le divorce est entré dans les mœurs, les ecclésiastiques manifestent de plus en plus le désir de se marier.

Étrange, non... !

*

J'aime les gens à qui l'on demande au réveil :

– Quelle heure est-il ?

Et qui répondent cinq heures plus tard :

– Il est midi...

*

On trouve toujours du nouveau quand on traite un sujet qu'on ne connaît pas.

On ne perd donc pas son temps quand on parle de soi.

*

Je n'avais pas de monnaie sur moi. Ma crémière m'a dit :

– Venez me payer quand vous serez moins riche...

*

Depuis que je sais que l'expression typiquement française « leveur de coude » est directement traduisible en anglais, l'Amérique me fait moins peur.

*

Il y a des joies dans la solitude.
Jamais dans la solitude à deux.

*

On ne peut pas remettre au lendemain les conneries qu'on a faites la veille.
Mais rien ne vous empêche de les refaire.

*

Il m'a invité à dîner, mais il a laissé les frais de la conversation à ma charge.

*

Au rugby, un essai peut se transformer en but.

En littérature, un roman rate son but quand il se transforme en essai.

*

Ceux qui sont sortis du rang se hâtent d'y faire entrer les autres.

*

Ceux qui se mettent à enseigner parce qu'ils croient n'avoir plus rien à apprendre devraient être mis d'office à la retraite.

*

Plus que d'un endroit où je puisse habiter, j'ai besoin d'un endroit où je puisse revenir.

*

Je cesse d'admirer les gens qui admettent qu'on les flatte.

*

– Qu'emporteriez-vous sur une île déserte ?
– Un bateau...

*

C'est dans les contes de La Fontaine qu'on trouve sa morale.

Dans ses fables, on ne trouve que de décourageantes moralités.

*

Mourir dans la force de l'âge est une impardonnable faiblesse.

*

Les couillons, même si ce sont de « grands » couillons, se font toujours avoir par les petits malins.

*

Il y a des gens qui, pour ne pas « se mouiller », ont traversé leur vie sur la pointe des pieds.

*

On pourra me dire ce qu'on voudra : je trouve que l'argent frais sent bon.

*

Les gens que je ne connais pas ne m'ont jamais déçu.

*

Les journalistes qui mentent sciemment sont mieux informés que ceux qui ne s'en rendent pas compte.

*

Si j'étais une femme, je me serais fidèle.

*

Devant le musée du Louvre, un agent hurlait :

– Circulez, il n'y a rien à voir !

*

Don Juan est triste. Il a réussi à se persuader que les femmes étaient aussi médiocres que les sentiments qu'elles lui inspiraient.

Les gens qui ne sont jamais à l'heure n'admettent pas qu'on arrive en retard.

*

Il n'est pas interdit de manifester du chagrin à l'enterrement d'un inconnu.

Et même d'en éprouver.

*

Réussir son divorce exige les qualités qui vous ont précisément manqué pour réussir votre mariage.

*

Quand un imbécile partage ma façon de voir, je doute de son jugement mais pas du mien.

*

Saint Valentin est devenu le patron des amoureux sans doute parce qu'à une époque où les prêtres avaient le droit de se marier, il était resté célibataire.

*

Si vous êtes en panne sexuelle, choisissez bien votre dépanneuse.

*

L'espace publicitaire est encore plus encombré que le cosmos.

*

Les femmes qui me sont indispensables, je les ai toujours sous la main : elles sont rangées sur les rayons de ma bibliothèque.

*

Les producteurs de cinéma ont parfois de la délicatesse : quand ils ont couché avec une débutante, ils disent qu'ils « lui ont fait passer une audition ».

*

Qui trompe-t-on quand on trompe la femme qu'on aime ?

*

J'ai connu un truand à la retraite qui recherchait à la bibliothèque de l'Arsenal les coupures de presse où l'on racontait ses anciens exploits :

– J'aimerais bien, disait-il, que mon petit-fils sache qui était son grand-père.

Que fais-je d'autre, moi qui n'avais conservé aucun de mes livres et qui fouille maintenant les boîtes des bouquinistes pour l'édification de mes petits-enfants ?

*

Henri Jeanson me fait visiter sa superbe maison de la Côte de Grâce :

– En quoi est-elle bâtie ? En pierre de taille ?

Il hausse les épaules et caresse les murs avec gourmandise :

– Non, Monsieur... En dialogues de cinéma, uniquement.

*

– Moi qui suis anticlérical, me permetté-je de dire à un vieil ami curé...

– Moins que moi... Mais moi je sais de quoi je parle.

*

Ce curé-là avait sculpté la statue du Saint Patron de son village dans le tronc d'un de ses oliviers morts de froid.

– J'espère, lui dit-il, que tu me feras autant de miracles que tu m'as donné d'olives...

*

Dieu a créé le monde en six jours.

Certains se permettent de dire qu'il aurait mieux fait de moins se presser.

*

Les vrais gourmands lisent en remuant les lèvres pour déguster les mots.

*

Intégrer les intégristes.

Ou la quadrature du cercle.

*

Ne pas se poser de questions est déjà une réponse mais qui n'apporte pas de réponse aux questions qu'on ne s'est pas posées.

*

Monsieur Jean, naturalisé français d'origine espagnole, n'avait jamais réussi à séduire une seule femme.

Pour se consoler, il allait souvent en Espagne pour le plaisir de se faire appeler Don Juan.

*

On ose me demander à moi qui ai un chien, un chat, une tortue, deux enfants, une femme et plusieurs belles-mères si j'aime les animaux !

*

La mort ignore la politesse. Elle ne prend jamais rendez-vous. Mais elle accepte ceux qu'on lui donne.

*

Une grève, c'est la période plus ou moins longue qui précède la reprise du travail.

*

Je te dirai ce que tu vaux quand je saurai ce que tu me coûtes.

*

Si la vie n'est pas juste, c'est que la mort l'est encore moins.

*

Il y a des gens qui ne découvrent l'injustice qu'à partir du moment où ils en sont victimes.

Ce qui les rend encore plus égoïstes.

*

Mettre beaucoup de chaleur dans son indifférence est plus un art de vivre qu'une hypocrisie.

*

Aimer les autres quand on se déteste soi-même ne mène à rien qu'à se détester encore plus.

Mais quand on ne les aime pas, il est plus facile de se supporter.

*

Le chômage a un seul avantage : les accidents du travail y sont rares.

*

Ce que vous n'avez pas pu faire aujourd'hui, vous avez bien des chances de ne pas avoir à le faire demain.

*

À ce sujet, il y a trente ans, à la faveur d'un accident d'automobile, j'avais eu le privilège de lire mon propre éloge funèbre.

On y disait en substance que j'avais disparu au moment où j'allais donner la pleine mesure de mon talent.

Trente ans plus tard, la situation n'a qu'imperceptiblement évolué.

*

Quand on fume déjà trop, il n'y a aucun intérêt à fumer davantage.

*

Comment ne pas croire aux bienfaits du métissage quand on sait par expérience la saveur que la vodka donne au jus de tomate ?

*

Courtisan du soleil, je ne rate jamais ni ses petits levers ni ses grands couchers.

*

Je me suis toujours demandé pourquoi les tombeaux des ivrognes n'avaient pas la dalle en pente.

*

Je n'attendais rien d'elle.
J'ai été comblé.

*

Quand on dit à un écrivain : « Je croyais que vous étiez mort ! » cela ne prouve pas que son œuvre est éternelle mais qu'elle a des chances de durer.

*

Sa vie ferait un bon roman s'il l'écrivait un jour.

Mais comment voulez-vous qu'il y arrive, avec la vie qu'il mène ?

*

Pour conserver son image de marque, il faut souvent changer de sponsor.

*

La télévision prétend penser à notre place. Raison de plus pour réfléchir à la sienne.

*

Dénoncer les magouilles donne des idées à ceux qui manquent d'imagination.

*

Il passa la nuit à développer ses clichés. Il n'était pas photographe. Il préparait son discours de réception à l'Académie.

*

– Mais enfin, Monsieur ! Que préférez-vous ? Que je lise votre livre et que je n'en parle pas, ou que je ne le lise pas et que j'en parle ?

Cruel dilemme !

*

Ma voisine s'est étonnée de voir la lumière allumée toute la nuit dans mon cabanon. Elle n'y a vu pourtant entrer aucune jeune personne :

– Mais enfin, monsieur Yvan, qu'est-ce que vous avez bien pu faire toute la nuit ?

– J'ai écrit...

– Toute la nuit !... Eh bien ! Moi, je n'aurais jamais la patience.

*

Les rêveurs éveillés ont le droit de dormir debout.

*

Elle me rendait si heureux que je ne me suis pas aperçu que je jouissais du malheur dans lequel je la faisais vivre.

*

Il avait mis tout son génie à faire oublier qu'il n'avait aucun talent.

*

Le lac hiverne sous la glace.

*

Quand un écrivain n'arrive plus à écrire, il peut en mourir. Mais ses confrères n'en font pas une maladie.

*

Quand on n'a pas de fusil, il est aisé de le changer d'épaule.

*

L'esprit qu'on veut avoir est souvent le seul dont on dispose.

*

Un fromage qui coule ne fait pas naufrage.

*

Quand on est une femme, il vaut mieux compter sur ses jambes que sur ses doigts.

*

Pourquoi acheter un portefeuille cinq cents francs, alors qu'on peut avoir un mille-feuille pour huit francs cinquante ?

*

Il avait l'honnêteté de ne pas renier ses fautes passées par égard pour celles qu'il allait commettre.

*

Chaque fois que sa femme s'éloignait de lui, il lui courait derrière.

Il est vrai qu'elle était bien plus belle de dos que de face.

*

C'est quand on est dans les bras d'une autre qu'on souffre le plus de l'absence de celle qu'on aime.

*

Ah ! Si je t'aimais, gémissait-elle, comme je t'aimerais !

*

On ne commence vraiment à aimer qu'à partir du moment où l'on a le sentiment de faire de la littérature quand on fait l'amour.

*

Il avait réussi à placer sa fille dans une famille sans intérêt.

*

Le capital rapporte des intérêts. Porter intérêt à quelqu'un ne rapporte rien.
Mais c'est capital.

*

Quand on parle tout bas, il n'est pas interdit de penser tout haut.

*

Panne d'inspiration...
Dur de la feuille.

*

On n'oublie jamais ceux qui ne se souviennent pas de ce qu'on a fait pour eux.

*

Ce qu'il écrivait n'était pas du tonnerre mais il y avait parfois des éclairs.

*

On l'avait prévenu...
Il a fini par l'être.

*

Jamais il ne se trouvait aussi fier de sa subtilité que dans les occasions où il se laissait prendre à ses propres pièges.

*

On reconnaît l'arbre à ses fruits et l'écrivain à ses feuilles.

*

– Toutes ces guerres, ces massacres, ces enfants morts de faim, cela ne vous empêche pas de dormir ?

– Vous savez... À mon âge, on dort si peu.

*

Quand le maréchal Pétain a fait don de sa personne à la France, ce n'était pas un cadeau.

Il avait l'excuse d'être trop vieux pour donner son corps à la science.

*

Le silence des arbres abattus me crève le tympan.

*

Les ménagères ne travaillent pas sans filet.

*

Avec un simple filet de voix, elle avait ramené une rivière de diamants.

*

Quand je me cogne à un meuble, j'ai tendance à lui rendre la pareille.

*

Il se connaissait suffisamment pour s'étonner, quand il fouillait une poubelle, de ne pas s'y trouver.

*

Il s'admirait tellement qu'il lui arrivait de se retourner sur son propre passage.

*

Elle a douté de moi.
Je ne crois plus en elle.

*

Son roman à clés lui avait fermé bien des portes.

*

Une œuvre ratée demande autant d'efforts (et parfois plus) qu'une œuvre réussie.

*

Il prétendait imiter son exemple. Il ne faisait que le pasticher.

*

Les salaires de la peur sont plus élevés que ceux du courage.

Qui montre son courage en perd le bénéfice.

*

Le pire n'est toujours pas le plus sûr, mais il est en train de prendre de l'assurance.

*

Tous les hommes sont beaux quand ils regardent la femme qu'ils aiment.

*

Ventre affamé n'a plus de sexe.

*

Le premier jet, c'est l'éjaculation précoce de l'écrivain.

*

Ceux qui ont survécu à une guerre n'en conservent que les bons souvenirs.

Ceux qui ne l'ont pas vécue n'ont pas envie de les partager.

*

Si les arbres se mettaient en colère, la tempête rebrousserait chemin.

*

Partir, c'est déjà commencer à arriver.

*

Il y a des couples qui se séparent pour mieux s'évaluer.

*

Le soleil doit craindre la chaleur. Quand l'horizon s'enflamme, il va se coucher.

*

On pardonne facilement les offenses qu'on a faites.

*

Les prisonniers se font la belle pour retrouver la leur.

*

La foi soulève les montagnes mais pas le jupon des filles.

*

Un Anglais est en train de mourir de soif dans le désert. Il lui reste encore quelques centilitres d'eau.

Il s'en sert pour se raser. Puis il meurt.

*

Un Marseillais qui avait fait le voyage exprès fut surpris de ne pas trouver de poisson dans le désert de Gobi.

Plaisanterie à usage purement provençal.

*

On m'a volé ma voiture à Fontvieille.

– Ils t'ont fait une « mauvaise manière », m'a dit un ami...

Il avait raison. C'étaient vraiment de « gros mal élevés ». Ils ne me l'ont pas ramenée.

*

Elle était si charitable que le jour où on lui a volé son sac à main, elle a surtout pensé à la tête que ferait son voleur quand il s'apercevrait qu'il était vide.

*

À la foire aux regrets, ce sont les remords qui se vendent le mieux.

*

Il y a bien des souverains qui ont été de tristes sires.

*

Il y a des pays où l'on ne peut arriver « en fin de droits » puisqu'on n'en a jamais eu aucun.

*

Pour se retrouver, il faut d'abord s'être perdu.

*

Elle lui avait donné une paire de gifles.
Il lui en a rendu deux.
Elle n'avait pas eu affaire à un ingrat.

*

Quand elle eut fini de ravaler ses sanglots, elle dut ravaler sa façade.

*

Si le malheur des uns faisait vraiment le bonheur des autres, il faudrait faire une rente aux malheureux.

*

Quand on me montre une photo, je regarde d'abord attentivement si j'y suis.

Après, un simple coup d'œil suffit.

*

L'horloge de mon clocher sonne toujours deux fois les heures.

Dans l'espace de silence qui sépare les deux carillons, l'éternité se niche.

*

Je ne suis pas plus bête qu'un autre, mais pour un milliard je suis capable de devenir complètement crétin.

*

Les amnésiques ne sont pas rancuniers.

*

La Justice est aveugle pour ne pas être obligée de constater à quel point elle est mal faite.

*

La manifestation avait rassemblé entre 5 000 et 200 000 participants.

C'est ça, le pluralisme de l'information.

*

Depuis qu'il s'était décidé à corriger ce qu'il avait écrit, il ne lui restait plus de temps pour écrire.

*

À force de lire des romans noirs, elle se faisait un sang d'encre.

*

Les carrières qu'on embrasse trop fort finissent par vous étouffer.

*

Bon vin ne saurait mentir.

*

Si les hommes réfléchissaient au destin des citrons, ils s'apercevraient qu'ils ne gagnent rien à être pressés.

*

La paresse qui, seule, pourrait donner du travail à tout le monde, est devenue un devoir avant d'être reconnue comme un droit.

*

Rire de la mort fait rarement mourir de rire.

*

Quand une femme se fait la malle, on regrette surtout ce qu'elle a mis dedans.

*

Si ma maison brûle, j'emporterai son souvenir.

*

Faire des manières, c'est en manquer.

*

Les princes qui voyagent aux frais de la princesse manquent de noblesse.

*

Quand il était obligé de serrer la main de quelqu'un qu'il méprisait, il gardait l'autre main dans sa poche pour ne pas la lui mettre sur la figure.

*

– J'enlève le haut.
– Oui, mais gardez vos bas.

*

Je veux bien offrir à Dieu mes souffrances mais je voudrais bien savoir ce qu'il en fera.

*

Il vaut mieux avoir le cul entre deux chaises que la tête dans un étau.

*

On vous invite désormais avec la personne « de votre choix », ce qui ne rassure pas les épouses. Dans les pays anglo-saxons, ils se montrent plus prudents et précisent sur le bristol d'invitation : « Mr So and So and ESCORT ».

Ce qui n'est désobligeant pour personne.

*

Ne pas avoir de chemise ne vous évite pas de retrousser vos manches.

*

Cœur d'artichaut...
Zizi d'acier.

*

Si on vole un peigne, on risque d'y trouver un cheveu.

Alors autant voler des boules de billard.

*

Il y a des gens qu'il vaut mieux voir en peinture.

*

Il avait fait la connaissance de sa femme au salon des Arts Ménagers, au moment où il allait acheter un lave-vaisselle.

Il a préféré s'offrir une ménagère.

*

Dans la corbeille de mariage de sa fille, il a déposé son bilan.

*

Il buvait toute sa recette et, à force de lever le coude, il a dû lever le pied.

*

Il était tellement avare que, pour ne pas user ses draps, il allait coucher dans la chambre d'amis.

*

Heureusement que ceux qui disent tout ce qu'ils pensent ne pensent pas toujours à ce qu'ils disent.

*

Sa femme le trompait si ouvertement et il sortait si rarement avec elle qu'il passait pour son amant.

*

Elle était si sûre de sa beauté qu'elle n'interrogeait son miroir que pour savoir si on la regardait.

*

Il avait pris l'habitude de manger dans les assiettes des autres. Et quand il eut un pied dans la tombe, ce n'était pas dans la sienne.

*

Il était si distrait qu'il pensait tromper sa femme quand il couchait avec elle.

*

– Qu'as-tu fait de ta vie ?
– J'ai changé de costumes.

*

Le silence est d'or...
Tous les maîtres-chanteurs vous le diront.

*

Quand il y en a pour Dreux, il y en a pour Troyes.

*

Le métier de prostituée est le plus inconfortable qui soit.

La station couchée y est encore plus pénible que la station debout.

*

Il était devenu alcoolique au point de dire à son barman comme à un pompiste :

– Le plein...

*

La popularité du Général depuis qu'il est enterré a gagné en profondeur.

*

Vu de l'extérieur, cela a l'air aussi difficile de continuer à être communiste que d'y renoncer.

*

Voleur d'étincelles...
Mistral.

*

Ce n'est pas la terre qui est basse. C'est nous qui en sommes loin.

*

Quand le pacha est là, les houris dansent.

*

Comment pourrait-on m'aimer pour moi-même puisque je m'en charge déjà ?

*

Les vieux meubles ont une vieillesse entourée d'égards. On est quand même mieux traité chez un antiquaire que dans un asile.

*

Quand on a « fait son temps », on peut voir ce qu'il a fait de vous.

*

Il y a des nuits si douces qu'elles donneraient envie au Président-directeur général d'une société de crédit de vous prêter de l'argent sans intérêts.
Mais à ces heures-là, ou il dort ou il refait ses comptes.

*

Il s'écoutait parler pour ne pas entendre ce qu'il disait.

*

Quand il a vu cette femme, il a sauté sur l'occasion mais ce n'était pas une affaire.

*

Il y a des gens qui ont assuré leur propre intérim pendant toute leur vie.

*

Quand on dit le contraire de ce qu'on pense, c'est souvent pour savoir si on a raison de le penser.

*

Écrire n'importe quoi sur n'importe qui est devenu, en cette époque de spécialistes, une preuve d'ouverture d'esprit.

*

Rue Saint-Denis, le premier pas ne coûte pas plus cher que les autres.

Quelquefois même ces dames vous en font cadeau.

*

C'est la suffisance dans l'insuffisance qui rend l'impertinence si souvent pertinente.

*

Les gens qui ont le bras long peuvent se servir d'une petite cuillère quand ils déjeunent avec le diable.

*

Se contredire sans s'en apercevoir risque d'être remarqué.

Mais se contredire sans le reconnaître a bien des chances de passer inaperçu.

*

Il n'y a plus de « secrets » de la réussite. Il n'y a que des recettes.

*

Elle avait reçu tellement d'hommes influents dans son lit que son mari avait fini par devenir Ministre.

Elle lui avait mis son lit en portefeuille.

*

Si Dieu n'existe pas, il aurait pu le faire savoir plus tôt.

*

Il disait du mal des autres pour faire parler de lui.

*

– Non seulement Dieu n'existe pas, mais il ne fait que des bêtises.

*

Il lui en avait tellement fait voir qu'elle ne voulait plus en entendre parler.

*

Bouffer du curé n'a jamais nourri son homme.

*

Je crois aux faux témoins qui se font tuer pour ne pas reconnaître leur mensonge.

*

Je crois à ceux qui se sont laissés torturer pour ne pas révéler un secret qu'ils ne connaissaient pas.

•

Il y a des gens qui croient conserver votre estime en vous donnant (gratuitement) des conseils alors que vous êtes venu leur emprunter de l'argent.

•

Collines de Provence...
Embruns figés.

•

Condamné à six mois de prison ferme pour coups et blessures, il soupira :
– À ce prix-là, j'aurais dû frapper plus fort.

•

Elle s'était vendue pour un million alors qu'elle aurait pu se donner pour un milliard.

•

Les jours de grasse matinée, on s'instruit beaucoup à la lecture des plafonds.

*

Il suffit de déplacer un meuble pour le redécouvrir.

Avec les êtres, c'est à vous de trouver le nouvel « angle » qui vous permettra de continuer à les aimer...

Parfois il suffit de changer de côté.

*

Quand vous séparez un fruit de son arbre, il ne vous en tient pas rancune puisqu'il vous en donne d'autres.

Mais si vous le négligez, il ne vous en donnera plus.

*

Les arbres abandonnés meurent de solitude.

*

L'aurore, ce matin, a des doigts d'égoutier.

La nuit a été trop courte pour qu'elle ait eu le temps de faire sa toilette.

*

Si les roses donnaient des fruits, je me demande quel goût aurait la confiture de roses.

*

Il rêvait d'habiter la maison d'en face.

Il l'habite maintenant, mais son rêve n'a pas changé.

*

Quand il suivait l'enterrement d'un être cher, il prenait des notes sur le faire-part pour se souvenir de son chagrin.

*

L'avenir n'est à personne.

La vieillesse nous appartient.

*

À force d'être entourés de prévenances, il y a des gens qui s'évadent pour retrouver leur liberté.

*

Quand on a épuisé tous les vices, la vertu devient tentante.

*

Céder à la tentation vous donne envie d'y céder encore.

*

En Amérique, même les innocents ont le droit de plaider coupable.

*

Personne n'est allé au fond du désespoir. On y est peut-être bien.

*

Bonheur du jour...
Jolie secrétaire.

*

Libérer sur parole quelqu'un qui a été condamné pour faux témoignage est une preuve d'optimisme.

*

Quand j'entends :

– Nous avons pris toutes les mesures nécessaires...

Je sais que la partie est perdue.

*

Si Dieu n'existe pas il faudra s'en passer.

*

J'aime bien que les ennemis prennent une « déculottée ».

Mais dans *la Guerre des boutons* seulement.

*

Les criminels qu'on relâche sont le trésor de guerre des policiers.

*

L'irréparable est la mère de la nouveauté.
En architecture du moins.

*

Le ciel a ses règles de politesse personnelle : il se couvre avant que vous ne vous mettiez à couvert.

*

Il fait toujours un temps de saison.
Mais on ne sait jamais laquelle.

*

La vie est trop courte pour attendre que nos aînés ne soient plus dans la carrière avant d'y entrer.

*

– Tu n'y penses pas ! s'écria la dame.
– Si, justement.

*

Il ouvrait sa porte plusieurs fois par jour tellement il avait peur d'avoir oublié ses clefs.

*

Fonder une Société de Secours Mutuel quand on est naufragé sur une île déserte est un signe certain d'altruisme.

*

À force de lui donner des coups, le destin avait les poings tout écorchés.

*

« Rien ne nous rend si grand qu'une grande douleur ».

– Si au moins c'était vrai, a soupiré le nain du cirque Médrano.

*

Je supporte mieux les reproches que la plaisanterie.

*

Amour propre...
Bleus à l'âme.

*

Mettre un point d'honneur à défendre un projet met souvent un point final à votre carrière.

*

L'avancement à la courbette est plus sûr que l'avancement au mérite.

*

Je lui ai mis les points sur les « i ». Il m'a mis son poing sur la gueule.

*

Le bonheur...
S'il veut de moi...

*

Quand un écrivain publie un livre qui ne marche pas, ce n'est pas de lui qu'il doute mais de l'avenir de la littérature.

L'HUMOUR AU CHERCHE MIDI ÉDITEUR

Collection
« Le Sens de l'humour »

PIERRE DAC
Les petites annonces de l'Os à Moelle

CHRISTINE DAHMANI
Petit guide humoristique de la demande d'emploi
« Rires à la lettre »

JEAN BROUSSE
FRANÇOIS EYSSETTE
M.B.S.A.
Humour et management

PHILIPPE HÉRACLÈS
avec la collaboration de
Lionel Chrzanowski
Petit Dictionnaire à mourir de rire
Illustrations de Kerleroux
Tome I

Petit Dictionnaire à mourir de rire
tome II
(suite et fin)

PHILIPPE HÉRACLÈS
avec la collaboration de
Lionel Chrzanowski
Le Petit Macho de poche
Illustrations de Spinga

CHRISTIAN MONCELET
Les Répliques les plus drôles

CLAUDE TURIER
L'Humour de l'Almanach Vermot de 1886 à 1990

JEAN-LOUP CHIFLET
L'Agenda du Jet Set

Collection
« Bons Baisers de partout »

PIERRE DAC et
LOUIS ROGNONI
Opération Tupeutla...
Opération Psychose toujours
Psychose de plus en plus

PIERRE DAC et
FRANCIS BLANCHE
Le Parti d'en rire

LÉO CAMPION
Lexique pour rire

Hors collection

PIERRE DAC
Les Pédicures de l'âme
Essais, maximes et conférences
Dialogues en forme de tringle

Collection
« La Bibliothèque du dessinateur »

PETITE ENCYCLOPÉDIE DU DESSIN DRÔLE EN FRANCE
Préface de François Caradec

BENNIP
Tout est en toque

CABU
À bas toutes les armées
tome 2

CHAVAL
Faites des économies

DUVERDIER
Le Golf de Duverdier

GÉBÉ
Anarchie douce
(dessins et texte)

Jean GOURMELIN
Instants d'espace

JEAN HIN
Ti mimite le petit chat

MOSE
Le Golf de Mose

PIEM
Petits enfants, grands-parents, mode d'emploi

SINÉ
Siné dans Charlie-Hebdo
Siné dans Hara Kiri Hebdo
Prix Honoré 1984

SOULAS
Comment rire en poussant un cri déchirant tout en restant beau

TETSU
Toutes les mêmes

TREZ
Les Idées Trez noires

Collection
« Les Mordus »

PAT MALLET
Les Mordus du Rugby

PIEM
Les Mordus du Foot
Les Mordus du Tennis
Les Mordus du Ski
Les Mordus de l'Automobile

WOZNIAK
I love Moscou
Préface de Bernard Thomas

Collection
« Les 100 meilleurs dessins »

CABU
Rôti de Beauf

CHAVAL
Les Cent Meilleurs Dessins

MOSE
Les Meilleurs Dessins
(Prix Humour Blanc 1986)

PIEM
Cent dessins choisis

Cet ouvrage a été réalisé par la
SOCIÉTÉ NOUVELLE FIRMIN-DIDOT
Mesnil-sur-l'Estrée
pour le compte du Cherche Midi éditeur
en février 1991

Imprimé en France
Dépôt légal: février 1991
N° d'édition : 191
N° d'impression : 17082

ISBN 2-86274-191-4